Bettina Kuß

Die Einführung der Schulpflicht als Folge der Institutionalisierung von Schule

GRIN Verlag

Bibliografische Information der Deutschen Nationalbibliothek:

Die Deutsche Bibliothek verzeichnet diese Publikation in der Deutschen National-
bibliografie; detaillierte bibliografische Daten sind im Internet über http://dnb.d-
nb.de/ abrufbar.

Impressum:

Copyright © 2005 GRIN Verlag GmbH
Druck und Bindung: Books on Demand GmbH, Norderstedt Germany
ISBN: 978-3-638-92989-9

Dieses Buch bei GRIN:

http://www.grin.com/de/e-book/45215/die-einfuehrung-der-schulpflicht-als-folge-
der-institutionalisierung-von

GRIN - Your knowledge has value

Der GRIN Verlag publiziert seit 1998 wissenschaftliche Arbeiten von Studenten, Hochschullehrern und anderen Akademikern als eBook und gedrucktes Buch. Die Verlagswebsite www.grin.com ist die ideale Plattform zur Veröffentlichung von Hausarbeiten, Abschlussarbeiten, wissenschaftlichen Aufsätzen, Dissertationen und Fachbüchern.

Besuchen Sie uns im Internet:

http://www.grin.com/

http://www.facebook.com/grincom

http://www.twitter.com/grin_com

Bergische Universität Wuppertal

WS 2004/05

Erziehungswissenschaften

Seminar: Vergesellschaftung von Erziehung – Schule als Institution

Studiengang: G/H/R/Ge,
2. Semester

Hausarbeit & Referat:

Die Institutionalisierung von Schule als Folge der Vergesellschaftung von Erziehung

Schwerpunkt:

Die Einführung der Schulpflicht als Form der Institutionalisierung

Inhalt

Seite

Die Schulpflicht als Form der Institutionalisierung

Eine wichtige Form der Institutionalisierung von Schule ist die Schulpflicht. Sie wurde 1619[1] erstmals in der „Weimarischen Schulordnung" schriftlich festgehalten, um einen geordneten Schulbesuch der fürstlichen Untertanen zu gewährleisten. Der Schulbesuch diente ausschließlich der Sicherheit des Staates. Die Landesfürsten[2] hatten erkannt, dass die politische und militärische Leistungsfähigkeit ihrer Untertanen von deren Bildung abhängig war. Im Laufe der Jahrzehnte und Jahrhunderte bauten immer mehr Schulpflichtverordnungen und Gesetze auf der „Weimarischen Schulordnung" und den Schulordnungen, die mit ihr parallel entstanden sind auf. Durchgesetzt hatte die Schulpflicht sich aber erst am 11.12.1845 mit der Einführung der „Schulordnung für die Elementarschulen der Provinz Preußen"[3], die endgültig festlegte, dass jedes Kind, dass nicht zu Hause unterrichtet werden konnte, spätestens nach dem sechsten Lebensjahr die Schule besuchen musste. Zuvor war es immer so, dass es inoffiziell geduldet wurde, wenn Kinder aus diversen Dingen von der Schule fern blieben. Nach wie vor gibt es für die BRD immer noch kein einheitliches Schulgesetz. Die Schulpflicht unterliegt heute immer noch von Bundesland zu Bundesland unterschiedlichen Schulpflichtgesetzen. Für das Bundesland Nordrheinwestfahlen gilt das Schulpflichtgesetzt NRW[4] vom 02.02.1980.

Erste Versuche der Einführung von Schulpflicht im Mittelalter

Bereits *Karl der Große versuchte 813[5] durch den Mainzer Beschluss* eine „Verordnung für eine umfassende Volksbildung und eine elementare Schulbesuchspflicht" durchzusetzen. Er hatte die Traditionen der Antike wiederentdeckt und es sich zum Ziel gemacht, die gesamte germanische Welt zu Christianisieren. Dies sah er als seine heilige Pflicht an. Bei dessen Durchsetzung schreckte er auch vor Gewalteinwirkungen nicht zurück. Deshalb forderte er einen Elementarunterricht für alle Untertanen. Männer,

---

[1] siehe P. Kraft
[2] siehe K. Puhr, Seite 54
[3] siehe P. Kraft
[4] siehe Zusammenfassung im Anhang
[5] siehe P. Kraft & K. Puhr, Seite 52

Frauen, Edle und Gemeine sollten alle gleichermaßen in ihrer Muttersprache oder Latein unterrichtet werden. Er verpflichtete Eltern dazu, ihre Söhne entweder in Klosterschulen oder zu den Pfarrern zu schicken, damit sie den Katholischen Glauben erlernten. Sein streng kontrollierter katechemischer Volksunterricht sollte als Grundlage der Volksbildung dienen und eine christliche Erziehung der Bevölkerung gewährleisten.

Zu Beginn des 13. Jh. Veränderte sich das Bildungsbedürfnis, der Gesellschaft durch den allgemeinen wirtschaftlichen Aufschwung[6]. Die Städte wurden zu Handwerks- und Handelszentren mit politischer Selbständigkeit. Zusätzlich zu den bereits vorhandenen kirchlichen Bildungseinrichtungen, entstanden nun weitere parallele Bildungseinrichtungen, deren Besuch allerdings freiwillig und auf die einzelnen Städte begrenzt war. Die so genannten kaufmännischen Schulen, bildeten Jungen kaufmännische aus. Dabei vermittelten sie grundlegende Kenntnisse in Lesen, Schreiben, Rechnen und Latein, und unterschieden sich in ihrer Unterrichtsgestaltung wenig zu den kirchlichen Schulen. In den „Schreib- und Rechenschulen", die auch „nicht konzessionierte Winkel- und Klippschulen" genannt wurden, lehrten private Schulmeister „brauchbare Kenntnisse für das Handwerk und den Regionalhandel". Des weiteren entstanden noch staatliche Schulen für die Söhne und Töchter der Bürger und Stiftsschulen für die Armen, denen beschränkte Lese- und Rechenkenntnisse in deutscher Sprache vermittelt wurden.

In einer Urkunde[7] aus der westfälischen Pfarrei Bigge über die „Sattungen des kusteren vnt schulmesteren" erfahren wir wie der Unterricht in den mittelalterlichen Pfarr- und Dorfschulen ausgesehen haben könnte. Demnach wurden die Jungen von Küster oder Pfarrern in lesen und schreiben unterrichtet. Der Unterricht fand im Sommer von 7-10 Uhr und von 13-16 Uhr, im Winter von 8-10 Uhr und von 13-15 Uhr statt, und sollte dazu dienen das Heidentum auszulöschen. Eltern, die ihre Kinder von der Schule fern hielten, mussten 12,- DM Strafe zahlen. Der Schulmeister hatte dem Pastor jedem Monat einen schriftlichen Bericht über das Verhalten der Schüler in ihren Christlichen Sitten, Lesen und Schreiben abzuliefern. Die Quelle dieser Urkunde ist umstritten. Einige Forscher glauben die Urkunde sei 1270 vom

---

[6] siehe K. Puhr, Seite 52-53
[7] siehe P. Kraft

Erzbischof Engelbert II von Köln erstellt worden. Andere wiederum datieren sie in die Amtszeit von Erzbischof Joh. Gebhard Truchseß von Köln, also um 1577-1583.

Im 15. Jh. kam mit der Entdeckung der Individualität des Menschen eine humanistische Bewegung[8] auf, die besagte, dass der Mensch sich erst durch die Bildung seiner Individualität bewusst werden kann. Die Entdeckung des Kindes und die entwicklungsbegrenzte Ausschließung von Kindern und Jugendlichen aus der Lebenswelt der Erwachsenen führte zur Einrichtung von vorstrukturierten schulischen Institutionen. Hierbei handelte es sich jedoch eher um eine kleinere geistige Elite, als um eine Volksbewegung, dessen komplette Intention der Schulischen Bildung „für das Gute und Edle", sich hierbei auf die Individualität des Menschen bezog.

Während der Reformation und Gegenreformation[9] Mitte des 15. Jh. diente die Schulentwicklung der Aufrechterhaltung der öffentlichen Ordnung. Die Schule sollte die „Nachwuchssorgen im Hinblick auf die kirchlichen und weltlichen Ämter" beseitigen. Dafür forderte M. Luther einen Schulzwang, der heute noch als „ideengeschichtlicher Ausgangspunkt" für die Schaffung einer allgemeinen Schulpflicht angesehen wird. Neben dem Lesen, Schreiben und Rechnen sollte die Schule Gottesfurcht, Tugend und Zucht vermitteln und auf berufliche Tätigkeiten vorbereiten.

Die Einführung der Schulpflicht als Folge der Industrialisierung

Im 17. und 18. Jh. entstanden Industrieschulen[10], welche die Kinder und Jugendlichen, auf ihre zukünftige Arbeit in der Industrie vorbereiten sollten. Die Kinder sollten eine Erziehung vermittelt bekommen, die sie lehrte Arbeit und Lernen bestmöglich miteinander zu verbinden, die Tugenden des Fleißes, der Arbeitsamkeit und der Sparsamkeit zu erlernen und ihren Lebensunterhalt zu sichern. Diese Verbindung von Lernen und Arbeit in angestrebter „Verzahnung von Allgemeinbildung, Berufsausbildung,

---

[8] siehe K. Puhr, Seite 53
[9] siehe K. Puhr, Seite 53
[10] siehe K. Puhr, Seite 54-55

Naturwissenschaften und Humanismus", werden bei W. Aden-Grossmann[11] als „kindgemäße Formen des Unterrichts" beschrieben. Ein anderer Grund als die Vorbereitung auf zukünftige Arbeit, war zudem, dass der Besuch der Schule, die Kinder und Jugendlichen davor bewahrte, zu früh von der Arbeit in der Industrie verwertet und somit für den Kriegsdienst untauglich zu werden. Zusätzlich hatten die Industrieschulen auch noch eine Gesellschaftliche Funktion, nämlich „soziale Krisenherde befrieden, die Gesellschaft vor der Verwahrlosung der Kinder zu schützen und eine soziale Randgruppe, nämlich Armenkinder und deren Eltern zu disziplinieren"[12] Hieraus ergibt sich bei K. Puhr, dass *die Einführung der allgemeinen Schulpflicht* vorrangig aus einem Staatsinteresse zur Durchsetzung der staatlichen Grundbildung erfolgte. Der Staat entwickelte mit dem Schulwesen eine eigene erzieherische Tätigkeit, da er erkannte, dass die Sicherung der politischen und militärischen Macht auf der Leistungsfähigkeit seiner Bürger beruhte, die wiederum abhängig von deren Bildung war. Der Schulunterricht wurde als ein „politisches Instrument zur Befriedung und Disziplinierung der Bevölkerung" angesehen und beschränkte sich auf Lesen, Rechnen und der Christenlehre. Bei der Durchsetzung dieser allgemeinen Schulpflicht gab es jedoch einige Probleme. Zum einen verhinderte die Kinderarbeit auf dem Land und in den Städten den regelmäßigen Schulbesuch der Kinder. Zum anderen wurde der Schulbesuch von der Arbeitssituation bzw. der Existenz und Armut der Eltern bestimmt[13].

Die Weimarische Schulordnung von 1619[14] besagte, dass Kinder zwischen 6 und 12 Jahre schulpflichtig wären und den Katechismus, christliche Gesänge und Gebete, lesen und etwas schreiben erlernen sollten. Zudem sollten die Pfarrherren und Schulmeister ein Register zur Anwesenheitskontrolle führen. Schulfrei gab es für die Kinder ausschließlich zu Erntearbeiten.

1642 wurde durch Herzog Ernst die Gothaische Schulordnung[15] eingeführt. Diese besagte, dass alle Kinder bereits ab dem fünften

---

[11] zitiert in K.. Puhr, Seite 55
[12] siehe K. Puhr, Seite 55
[13] siehe K. Puhr, Seite 55
[14] siehe P. Kraft
[15] siehe P. Kraft

Lebensjahr zur Schule gehen und lernen sollten, und beinhaltete zudem auch Geldstrafen für Eltern, die ihre Kinder von der Schule fernhielten.

Die Braunschweigische Schulordnung von 1651[16] unterteilt die Schulen in drei Arten: die untere, mittlere & höhere Schule. Die Unterste und zugleich niedrigste Art sollte in allen Dörfer vorhanden und allen schulpflichtigen Kindern zuggängig sein. Die Schulordnung besagte, dass sowohl vormittags wie nachmittags Schule stattfinden sollte und regelte eine Bestrafung bei Schulversäumung.

Die Epoche der Aufklärung zur Mitte des 18. Jh.[17] gilt als Beginn und Grundlage der modernen pädagogischen Theorie und Praxis in ihrer Widersprüchlichkeit. „Aus den Ideen der Aufklärung folgte die Forderung des Rechts auf allgemeine Bildung für alle." Die Erziehung machte es sich zur Aufgabe, dem Menschen eine individuelle Bildung, die ihm zu Vernunft, Moral und Sittlichkeit verhelfen sollte, zu vermitteln. Es entstanden pädagogisch kontrollierte Organisationen, die zum einem Hoffnung auf „die Beförderung des Fortschritts" und „die Höherbildung der Menschheit" machten, und zum anderen sich durch die „pädagogischen Phantasien von der Beherrschung und Kontrolle des Kindes"[18] kennzeichneten.

Am 28.09.1717 erschien das Generaldelikt König Friedrich Wilhelms I in Berlin, welches eine Schulbesuchspflicht veranlasste, „für alle Kinder an den Orten, wo Schulen sind"[19]. Die Kinder sollten im Winter täglich und im Sommer wenigstens 1-2 mal in der Woche zur Schule gehen, um lesen, schreiben, rechnen und den Katechismus für Heil und Seeligkeit zu erlernen. Als Schulgeld wurden zwei Dreier pro Woche veranschlag. Für die Zahlungsunfähigen Eltern sollte das Schulgeld aus den Almosen bezahlt werden.

Im Generalschulenplan des Königreich Preußen vom 30.06.1736[20] hingegen wurde ein jährlicher Schulgeldzwang verordnet, der den Kindern zwar das Recht auf einem Schulplatz sicherte, jedoch keinen Schulzwang beinhaltete. Des weiteren beinhaltete der Generalschulenplan das erste **Volksschulengrundgesetzt, die Principia regulativa,** welche die

---

[16] siehe P. Kraft
[17] siehe K. Puhr, Seite 53-54
[18] siehe Tenorth 1992, zitiert in K. Puhr, Seite 54
[19] siehe P. Kraft
[20] siehe P. Kraft

Unterhaltung und Neuerrichtung von Schulgebäuden und die Besoldung von Schulmeistern sicherte.

Die Königlich Preußische Land-Schulordnung, wie solche im Fuerstentum Minden und der Grafschaft Ravensburg durchgehends zu beobachten sey, vom 06.04.1754[21] beschloss eine kontinuierliche Schulpflicht für Kinder zwischen dem 5 und 14 Lebensjahr zur Erlernung von Christenlehre, lesen, schreiben und rechnen.

Das General-Land-Schul-Reglement beschloss am 12.08.1763[22] eine erste Volksschulordnung für ganz Preußen. Das Reglement wies darauf hin, dass die Kinder auch im Sommer zur Schule gehen sollten und die Eltern Viehhirten einstellen sollten, damit die Kinder nicht das Vieh hüten mussten und von der Schule fern blieben. Die Winterschulen täglich von 8-11 und von 13-16 Uhr, außer Mittwochs und Sonntag nachmittags besucht werden. Die Sommerschulen wurden je nach Ort nur vormittags besucht. Das Reglement regelte zudem noch diverse Strafen für die Eltern, die ihre Kinder von der Schule fernhielten. Darin wurde beschlossen, dass die Eltern, wenn gar keine anderen Strafen mehr halfen, exekutiert werden sollten. Den wohlhabenden Familien blieb es aber weiterhin erlaubt, sich „Privat-Informatores" zu halten.

Das Allgemeine Landrecht für die Preußischen Staaten vom 05.02.1794, auch Schulrechtliche Vorschriften[23] genannt, wird als Höhepunkt der Preußischen Schulrechtspolitik bezeichnet. Schulen und Universitäten wurden hier als Veranstaltungen des Staates bezeichnet und durften nur noch mit dessen Vorwissen und Genehmigung errichtet werden. Alle öffentlichen Schulen und Erziehungsanstalten standen nun unter der Aufsicht des Staates. Die Schulpflicht sollte mit dem fünften Lebensjahr einsetzen. Zudem sollte die Jugend von nun an in den nützlichen Kenntnissen der Wissenschaft unterrichtet werden.

In einer Kabinettsorder betr. Die Schulzucht vom 14.05.1825[24] wurden der Schulbesuch zur erfolgreichen Schulzucht in der Monarchie sowie ein Schulzwang ab dem fünften Lebensjahr und Geldstrafen bei Schulabstinenz

---

[21] siehe P. Kraft
[22] siehe P. Kraft
[23] siehe P. Kraft
[24] siehe P. Kraft

festgelegt. Am *22.04.1826 entschied der Kultusminister*[25] jedoch, dass das schulpflichtige Alter in den Dorfschaften, die weiter als eine viertel Stunde von der Schule entfernt wären, erst mit dem sechsten Lebensjahr einsetzen sollte. Am *24.04.1828 erschien dann eine Verfügung*[26], das schulpflichtige Alter, für die zerstreuten Ortsgemeinschaften Westfahlen auf sieben Jahre anzuheben.

Mit der Schulordnung für die Elementarschulen der Provinz Preußen wurde am 11.12.1845[27] im §1 geregelt, dass jedes Kind, das nicht zu Hause unterrichtet werden konnte spätestens nach dem sechsten Lebensjahr zur Schule gehen sollte.

Die Preußische Verfassung vom 31.01.1850[28] besagte im Art. 21, dass die öffentliche Schule für die Bildung der Kinder sorgen sollte und die Eltern verpflichtet wären, ihre Kinder zur Schule zu schicken.

Das Schulaufsichtsgesetz vom 11.03.1872 unterstellte das gesamte öffentliche und private Schulwesen der Aufsicht des Staates und betonte, dass die Schule von nun an nicht mehr der Kirche unterläge, sondern dem Staat.

Die Durchsetzung von Schulpflicht seit dem 20. Jahrhundert

Bis zu Beginn des 20. Jh. fand Unterricht auch an außerschulischen Lernorten statt. Kinder, die einen eigenen Hauslehrer hatten waren bis *1920* von der Schulpflicht befreit. Dennoch gingen bereits über 80% aller schulpflichtigen Kinder zur Schule. Dieses wurde durch den Ausbau des gegliederten staatlichen Schulsystems, die Abschaffung des Schulgeldes für die Volksschule und die Erhöhung der Bildungsausgaben des Staates ermöglicht[29]. Die Grundqualifikationen im Rechnen, Lesen und Schreiben waren so weit verbreitet, dass das Nicht-Lesen-Können als ein soziales Stigmata gewertet wurde. Das Schulische Lernen für Kinder und Jugendliche war ein gesellschaftliches Gebot, dass durch staatliche Gesetzgebungen abgesichert werden sollte.

---

[25] siehe P. Kraft
[26] siehe P. Kraft
[27] siehe P. Kraft
[28] siehe P. Kraft
[29] siehe K. Puhr, Seite 56

Die Weimarer Reichsverfassung vom 11.08.1919[30] beschloss in Art. 145 die allgemeine Schulpflicht zu acht Jahren Volksschule und den anschließenden Besuch der Fortbildungsschule bis zum 18. Lebensjahr. Im anschließenden Art. 146 Satz 2 wurde gesagt, dass der Besuch der Volksschule und der Fortbildungsschule durch Privatunterricht ersetzt werden konnte, der Besuch der Grundschule jedoch nicht. Diese Verfassung wurde am *28.04.1920 mit dem Reichsgrundschulgesetz[31]* ausgeweitet. Dieses legte in §1 fest, dass die ersten vier Jahre der Volksschule als gemeinsame Grundschule für das untere, mittlere und höhere Schulwesen gelten sollten. Hier wurde das Gesetz als staatlicher Eingriff in die elterliche Verfügungsgewalt des Bürgertums und auch als Zumutung empfunden, da die Bürger ihre Kinder bereits von der Grundschule an von Hauslehrern oder an Privatschulen unterrichten lassen wollten. Ein Streit diesbezüglich zwischen den Ländern und dem Reich, führte zu dem Ergebnis, dass das Gesetz nur eine Richtliniengebung sei, aber nicht bindend für die Länder gelte. Das private Vorschulwesen blieb so bis 1933 erhalten.
1927 erschien das Preußisches Schulpflichtgesetz[32] im Sinne der vom Reich geforderten Schulpflicht.
Grundlage für das *Reichsschulpflichtgesetz vom 06.07.1938[33]* waren die Schulpflichtgesetze der Länder. Die Jugend sollte zum Dienst am Volkstum und Staat im nationalem Geist erzogen werden. Die Schul- und Bildungspolitik wurde Teil einer innerpolitischen Gesamtstrategie mit der Vision, staatstreue Werte und traditionelle Ziele, lückenlos als Form der Bildung, von der Geburt bis ins hohe Erwachsenenalter ausfüllen zu lassen. Bestimmen hierfür waren nationalsozialistische Ideologien mit der Verherrlichung von „Rasse und Volk, Blut und Boden, Heimat, Land und Bauerntum, die Aversion gegen Intellekt und das Wissen". Erstmals wurden die Sanktionsmöglichkeiten dahin erweitert, dass nicht nur die Eltern, sondern auch die Schulschwänzer selber bei Schulabstinenz bestraft wurden.

---

[30] siehe P. Kraft
[31] siehe P. Kraft
[32] siehe P. Kraft
[33] siehe P. Kraft & K. Puhr, Seite 57

Institutionalisierung in der Deutschen Demokratischen Republik[34]

Die Verfassung der Deutschen Demokratischen Republik regelte für alle Kinder und Jugendlichen das Recht und die Pflicht zur schulischen und beruflichen Bildung. Hierfür entstand ein einheitliches Vorschul- und Schulsystem von Kindergarten über Allgemeinbildende Oberschule bis zur Erweiterten Oberschule bzw. zur Berufsausbildung. Schulpflichtverletzungen wurde vorwiegend durch Maßnahmen der kollektiven Disziplinierung begegnet z. B. durch Patenschaften unter den Schülern. Die Schüler sollten sich den Schulbesuch gegenseitig absichern und kontrollieren. Des weiteren sollten staatliche Fürsorgerinnen aktiv werden, wenn die Eltern sich zu wenig, um den Schulbesuch ihrer Kinder kümmerten. In Einzelfällen wurde der Schulbesuch auch von der Volkspolizei kontrolliert

Institutionalisierung in der BRD[35]

1946 wurde in der Bildung der „Ständige Konferenz der Kultusminister" die Schulpflichtgesetzgebung der einzelnen Bundesländer aufeinander abgestimmt und modernisiert. In den 1960er Jahren wurde dieses bestehende Schulsystem kritisier, da die eigentliche Aufgabe des Bildungssystems, individuelle Möglichkeiten des Lernens zu eröffnen und Chancengleichheit zu ermöglichen, nicht erfüllt werden konnte. Jedoch war bis in die 1980er Jahre keine große Veränderung beobachtbar. Zu den Schulpflichtverletzungen zählen: Verletzungen von Schulbesuchs- und Verhaltenspflichten, Schulabsentismus und Lernverweigerungen. Die Schulpflichtverletzungen werden in den einzelnen Bundesländern unterschiedlich gehandhabt. Meistens werden sie als Ordnungswidrigkeit gehandhabt. Lange Fehlzeiten gelten in einigen Bundesländern auch als Vergehen und können mit Freiheitsstrafen bis zu 6 Monaten gehandhabt werden.

Zum Abschluss dieser Arbeit möchte ich Rudolf Hülshoff[36] zitieren, der sagte, es sei festzustellen, dass es immer dann zu Institutionalisierung komme,

---

[34] siehe K. Puhr, Seite 57
[35] siehe K. Puhr, Seite 57-58
[36] siehe R. Hülshoff, Seite 19

wenn in einer Gesellschaft bestimmte Funktionen abgesichert und auf Dauer gestellt werden sollen. „Institutionen entstehen also zum einen schrittweise und zum anderen stets in ganz bestimmten gesellschaftlichen Lagen; ihre aktuelle Problematik kann infolgedessen nur von ihren geschichtlichen Einlagerungen her zu verstanden werden."

Das Hand-out zum Referat vom 03.12.2004

Das Schulpflichtgesetz NRW vom 02.02.1980:

(Zusammenfassung nach P. Kraft)

Schulpflicht:

- bezieht sich auf ein bestimmtes Territorium	§ 1 (1)	Schulpflichtig ist, wer im Lande NRW seinen Wohnsitz hat
- umfasst einen bestimmten Zeitraum	§ 3 (1)	Die Schulpflicht beginnt für Kinder, die bis zum Beginn des 30.Juni das sechste Lebensjahr vollendet haben, am 1.August desselben Kalenderjahres.
	§ 5	Die Vollzeitschulpflicht dauert zehn Schuljahre.
- bezieht sich auf eine Institution, an der sie zu erfüllen ist.	§ 1 (2)	Die Schulpflicht ist durch den Besuch einer deutschen Schule zu erfüllen...
- regelt die Überwachung.	§ 16 (1)	Die Erziehungsberechtigten haben den Schulpflichtigen bei der zuständigen Schule an- oder abzumelden
	§ 16 (2)	(Forderung nach regelmäßiger Teilnahme am Unterricht)
- benennt die Sanktionen	§ 20 (1)	Ordnungswidrig handelt, wer ... (Bestimmungen von §16 verletzt)
	§ 20 (2)	Die Ordnungswidrigkeit kann mit einer Geldbuße geahndet werden. Erfüllen die Schulpflichtigen ihre Schulpflicht nicht, können sie...
	§ 19	... der Schule zwangsweise zugeführt werden..

Reichsschulpflichtgesetz vom 06.07.1938:

(Zusammenfassung nach P. Kraft)

§1   Allgemeine Schulpflicht

(1) Im Deutschen Reich besteht allgemeine Schulpflicht...

(2) die Schulpflicht ist durch Besuch einer reichsdeutschen Schule zu erfüllen...

§2   Beginn der Volksschulpflicht

(1) Für alle Kinder, die bis zum 30.Juni das 6.Lebensjahr vollenden, beginnt mit dem Anfang des Schuljahres die Pflicht zum Besuch der Volksschule.

§4   Dauer der Volksschulpflicht

(1) Die Volksschulpflicht dauert acht Jahre.

§12 Schulzwang

Kinder und Jugendliche, welche die Pflicht zum Besuch der Volks- oder Berufsschule nicht erfüllen, werden der Schule zwangsweise zugeführt...

Schulstatistik von 1816 über den Schulbesuch schulpflichtiger Kinder in den einzelnen Preußischen Provinzen[37]:

durchschnittlich 60%[38] der schulpflichtigen Kinder besuchten regelmäßig die Schule

Sachsen	**mehr als 80%**
Preußen, gesamt	**59%**
Rheinland, gesamt	**50%**
Düsseldorf, Köln, Kleve, Aachen	**40%**
Westpreußen	**40%**
Posen	**20%**

---

[37] siehe P. Kraft
[38] siehe K. Puhr, Seite 56

Historische Übersicht zur Schulpflicht[39]:

813 Karl der Große

1270 "Satzungen des Küsters und Schulmeisters zu Bigge in Westfalen"

Ab 13.Jhrdt. Verändertes Bildungsbedürfnis durch wirtschaftlichen Aufschwung: Entstehung von kaufmännischen Schulen, Schreib- & Leseschulen, staatliche Schulen & Stiftsschulen

Mitte 15.Jhrdt. Reformation & Gegenreformation: Schulzwang durch Luther

16.Jhrdt. Evangelische Schulordnungen in Kirchenordnungen des 16.Jahrhunderts

17.&18.Jhrdt. Einführung von Industrieschulen & Schulpflicht

1619 „Weimarische Schulordnung"

1642 „Gothaische Schulordnung"

1651 „Braunschweigische Schulordnung"

Mitte 18.Jhrdt. Aufklärung

28.09.1717 Generaldelikt König Friedrich Wilhelms I, Berlin: Verordnung, dass die Eltern ihre Kinder zur Schule, und die Prediger die Catechisationes, halten sollen

30.06.1736 General-Schulenplan betr. Das Landschulwesen im Königreich Preußen

06.04.1754 Koeniglich Preußische Land-Schul-Ordnung, wie solche im Fuerstentum Minden und der Grafschaft Ravensberg durchgehends zu beobachten sey

12.08.1763 General-Land-Schul-Reglement

05.02.1794 Allgemeines Landrecht für die Preußischen Staaten

14.05.1825 Kabinettsorder betr. Die Schulzucht

22.04.1826 Entscheidung des Kultusministers: wenn Schulweg länger als eine viertel Stunde andauert, dann soll erst mit 6 Jahren eingeschult werden

---

[39] siehe P. Kraft

24.04.1828 Verfügung für die zerstreuten Ortsgemeinden in Westfahlen, die Schulpflicht auf das 7. Lebensjahr anzuheben

11.12.1845 Schulordnung für die Elementarschulen der Provinz Preußen

31.01.1850 Preußische Verfassung

11.03.1872 Schulaufsichtsgesetz

11.08.1919 Weimarer Reichsverfassung

28.04.1920 Reichsgrundschulgesetz

1927 Preußisches Schulpflichtgesetz

06.07.1938 Reichsschulpflichtgesetz

1946 Ständige Konferenz der Kultusminister: Modernisierung der Schulpflichtgesetzgebung der einzelnen Bundesländer

02.02.1980 Schulpflichtgesetzt NRW

Literaturverzeichnis:

- **Hülshoff, Rudolf:** *Institutionalisierung von Erziehung* in: Dimensionen der Pädagogik, Düsseldorf 1977

- **Kraft, Peter:** *Bericht an das Seminar über einige drängende Fragen betreffs die Entstehung der Schulpflicht sowie meine Erforschung derselben in ausgewählten Schriften,* Hochschule Bielefeld Münster, November 1991 & September 2003

- **Puhr Kirsten:** *Schulpflicht und Bildungsrecht für alle Kinder und Jugendlichen: Reflexion über Anspruch und Praxis pädagogischer Auseinandersetzung mit Kindern und Jugendlichen, die nicht mehr in der Schule lernen,* Dissertation zur Erlangung des akademischen Grades eines Doctor philosophiae (Dr. phil.) vorgelegt an der Philosophischen Fakultät der Martin-Luther-Universität Halle-Wittenberg, verteidigt am 30.01.2003